Approche de supervision des r

Youen Mushegerha

Approche de supervision des réseaux maillés WIFI basée sur les PBNM

Une approche de supervision des réseaux maillés sans fils basées sur les politiques (PBNM)

Éditions universitaires européennes

Imprint

Any brand names and product names mentioned in this book are subject to trademark, brand or patent protection and are trademarks or registered trademarks of their respective holders. The use of brand names, product names, common names, trade names, product descriptions etc. even without a particular marking in this work is in no way to be construed to mean that such names may be regarded as unrestricted in respect of trademark and brand protection legislation and could thus be used by anyone.

Cover image: www.ingimage.com

Publisher:
Éditions universitaires européennes
is a trademark of
International Book Market Service Ltd., member of OmniScriptum Publishing Group
17 Meldrum Street, Beau Bassin 71504, Mauritius

Printed at: see last page
ISBN: 978-613-8-47432-6

Proposition d'une approche de supervision des réseaux maillés sans fil basée sur les politiques

Réalisé par :

Youen Mugisho **MUSHEGERHA** Christian

1

Résumé

En raison de la facilité de les déployer, de leur dynamisme, des faibles coûts de leur déploiement, l'utilisation des réseaux maillés sans fil (MANETs) a explosé dans nos applications quotidiennes. Cependant la mobilité des nœuds constitue un grand défi pour la gestion de ces derniers. L'objectif de ce travail est d'utiliser la gestion par les politiques, dans un environnement clustérisé, pour exploiter la mobilité des nœuds qui traversent les clusters et ainsi permettre aux cluster-heads d'avoir des informations sur les nœuds situés dans le voisinage extérieur des frontières de leurs clusters.

Avec l'intégration des PBNMs, Policy-Based Network Management, la gestion est faite en définissant des règles pour faire la configuration et extraire au moyen de la mobilité de certains noeuds le comportement d'une ou plusieurs entités [24,25] au sein du réseau. Les règles étant un ensemble des conditions qui sont évaluées afin de déterminer s'il faut appliquer les actions. Ainsi, des politiques ont été proposées puis simulées en java. Ces simulations ont permis de constater qu'en appliquant la méthode proposée, les cluster-heads percevaient effectivement certains nœuds extérieurs au cluster en observation.

Mots clefs : MANET, PBNM, cluster, mobilité.

Abstract

Because of the ease of deployment, their dynamism and the low cost of their development, the use of MANETs is an explosion in our daily applications. However, the mobility of nodes is a major challenge for the management of MANETs. The purpose of this paper is to use policy management in a clustering environment to exploit the mobility of nodes that traverse clusters to allow cluster-heads to have information about nodes in the outer neighborhood of clusters.

With the integration of PBNMs, Policy-Based Network Management, management is done by defining rules to make the configuration and extract by means of the mobility of certain nodes the behavior of one or more entities [24,25] within the network. The rules are a set of conditions that are evaluated to determine whether to apply the actions.

So policies were proposed and simulated in java. And convincing solve has been obtained. In fact the simulations made on the permit to observe by applying the proposed method, the cluster-head actually perceived some external nodes.

Keys words : MANET, PBNM, cluster, mobility.

Table des matières

Table des figures

6

Glossaires (Acronymes)

- CLI : Command-line interface
- DSDV : Destination-Sequenced Distance Vector
- HTML :HyperText Markup Language
- IBM : International Business Machines Corporation
- IEEE : Institute of Electrical and Electronics Engineers
- IETF : Internet Engineering Task Force
- MANET : Mobile ad-hoc network
- MRTG : Multi Router Traffic Grapher
- NETCONF : Network Configuration « Protocol »
- OLSR : Optimized Link-State Routing
- PBNM : Policy-Based Network Management
- PDP : Policy Decision Point
- PDR : Packet Delivery Ratio
- PEP : Policy Enforcement Point
- QoS : Quality of Service
- RFC : Request For Comment
- RPC : Remote Procedure Call
- RWP : Random Waypoint
- SNMP : Simple Network Management Protocol
- Wi-Fi : Wireless Fidelity
- Windows NT : Windows New technology
- WLAN : Wireless Local Area Network
- WMAN : Wireless Metropolitan Area Network
- WPAN : Wireless Personal Area Network
- XML : Extensible Markup Language

Introduction Générale

Par définition, un réseau maillé sans fil est un réseau permettant l'interconnexion de plusieurs dispositifs sans fil entre eux en constituant ainsi un maillage n'ayant aucun câblage. Dans un réseau maillé sans fil multi-saut, l'idée est de ne pas se limiter uniquement à des communications entre les nœuds proches, mais également de permettre aux nœuds d'atteindre leurs correspondants éloignés en passant par des relais radio : deux nœuds peuvent communiquer par l'intermédiaire d'un ou plusieurs autres nœuds relais. Ces réseaux sont généralement capables de s'organiser, de se configurer et de fonctionner de manière autonome sans aucune infrastructure centralisée [1].

De manière traditionnelle, l'utilisation de SNMP et/ou de NETCONF permettent de gérer des réseaux de cette nature. Mais avec le développement de l'intérêt pour les PBNMs [2, 3, 4,5] en générale a contribué à donner une perception différente de ces outils. Ainsi ils sont de plus en plus utilisés dans l'implémentation des politiques. Pour ce qui est des MANETs, il faut signaler qu'un des défis dans sa gestion, du routage par exemple, est la mobilité des nouds [6]. Mais en changeant de point de vue sur cette situation on peut en tirer parti dans un environnement clustérisé.

L'objectif de ce travail est de proposer une méthode, basée sur les politiques, qui permettra, dans un environnement MANETs clustérisé, aux cluster-heads d'exploiter les mouvements des nœuds pour avoir des « informations » sur les nœuds qui sont hors de leurs clusters mais proches des frontières de leurs clusters. Plus précisément on exploitera pour un cluster donné, les nœuds qui entrent et sortent du cluster.

Ce document présente les résultats de nos travaux et il est organisé comme suit :

Le chapitre 1 présente un état de l'art sur les concepts suivants : les réseaux maillés sans

1

fil, la clustérisassions, le routage, la supervision des réseaux, les PBNMs et la mobilité des nœuds.

Le chapitre 2 aborde la méthodologie qui a été utilisée dans le cadre de ce travail. Ici, dans un premier temps on parlera des concepts de base, puis la contribution de ce travail sera exposée et enfin sera définit le protocole expérimental qui sera utilisé.

Le chapitre 3 parle des simulations et des résultats. Ici, il s'agira de parler des simulations numériques effectuées pour, d'une part imiter le mouvement des nœuds et d'autre part pour imiter le déploiement des politiques. Puis on donnera les résultats obtenus.

Le chapitre 4 ouvre une discussion sur les résultats du modèle proposé. Ici, un lien sera établi entre les informations extérieurs et le nombre des nœuds qui sont entrés et sortis du cluster.

La conclusion de notre travail sera abordée en dernière partie, lequel présentera également les limites et des perspectives.

Chapitre 1

État de l'art

1.1 Les réseaux maillés sans fil

Les réseaux maillés sans fils sont une technologie qui permet aux équipements sans fils de se connecter de proche en proche, d'une façon dynamique et/ou statique et instantanée, sans hiérarchie centrale [7]. Il faut dire que ces dernières années, plusieurs technologies de communication sans fil ont émergées et se sont imposées dans notre quotidien. Ces technologies pouvant être classées selon leurs couvertures, on aura alors : les réseaux personnels sans fil (WPAN : Wireless Personal Area Network), avec le Bluetooth (IEEE 802.15.1 [8]), ayant une courte portée, en termes de centimètres ; les réseaux locaux sans fil (WLAN : Wireless Local Area Network), comme Hiperplan (HIgh PERformance radio LAN [9]) et Wi-Fi [10] (IEEE 802.11), ici la portée varie entre 10 et 300 mètres et les débits peuvent atteindre les 300Mbps (802.11n). Les réseaux maillés présentent les avantages suivants : simplicité d'installation, faible coût de déploiement, connecter des endroits inaccessibles, l'auto-configuration et l'auto-organisation [7,11]. Et ils trouvent leurs applications dans des domaines aussi variés tels que : le transport, dans les entreprises, les applications militaires, les vidéos conférences, les campus universitaires ... [11,12]. Mais les réseaux maillés sans fil soulèvent aussi des défis, parmi lesquels on a : garantir une bonne qualité de service (QoS), Optimiser la consommation d'énergie, le routage, la clustérisassion, la mobilité des nœuds... [13].

Ainsi, selon les types de maillage, il existe deux types de maillage : un maillage partiel qui ne prend en compte qu'une partie des nœuds du réseau et un maillage total qui intègre la totalité des nœuds du réseau [7]. Cette situation est présentée à la figure suivante :

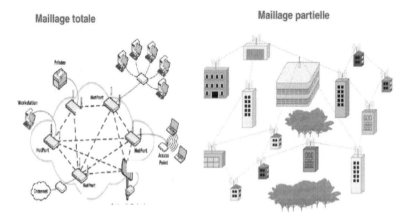

FIGURE 1.1. Topologie sans fil. [7]

1.2 Réseaux maillés sans fil clustérisés

Dans les réseaux maillés sans fil, la clusterisation est un processus qui consiste à diviser le réseau en un ensemble virtuel des groupes de nœuds, respectant certaines règles qui servent d'éléments discriminant dans l'allocation des nœuds dans les sous-réseaux (clusters). Dans un cluster on retrouve généralement trois types de nœuds, voir figure 1.2 : le « cluster-head », qui est le « chef » du cluster ; les nœuds « passerelles », qui possèdent des liens inter-cluster et pouvant acheminer des données vers des clusters voisins ; et les autres nœuds qui sont des nœuds « membres ».

1.2.1 Structure de clusterisation

La clusterisation constitue une solution pour la gestion des réseaux maillés ayant un grand nombre de nœuds [14,15]. Et parmi les avantages de la structuration en cluster, on peut citer : La réutilisation des ressources réseaux, par exemple deux clusters peuvent utiliser la même fréquence s'ils ne sont pas voisins. Le routage, dans une architecture en cluster, l'ensemble des cluster-heads et passerelles peuvent former une sorte de « canal virtuel » pour le routage inter cluster, limitant ainsi la surcharge du réseau. Et enfin la structuration en clusters, fait apparaitre le réseau plus petit pour les nœuds. Il y a tout de même lieu de préciser qu'il existe plusieurs types de clusterisation. Et les algorithmes de clusterisation proposés dans la littérature, ont même fait l'objet d'une classification, voir la figure 1.3. Il faut cependant noter que la clusterisation a aussi ses inconvénients qui sont essentiellement liés aux coûts. Et comme inconvénients on a : la charge supplémentaire générée par le trafic de maintenance des clusters ; l'effet cascade de re-clusterisation, due au mouvement d'un nœud qui déclenche la re-clusterisation totale du réseau ; la durée de la phase de formation des clusters.

La structure générale des clusters est présentée dans la figure 1.2 et les algorithmes de clusterisation à la figure 1.3.

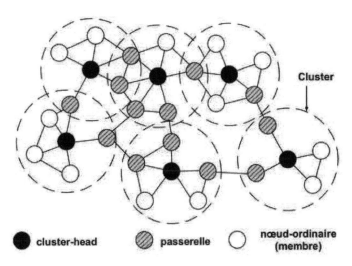

FIGURE 1.2. Exemple d'une structure des clusters [15].

5

1.2.2 Algorithmes de clusterisation

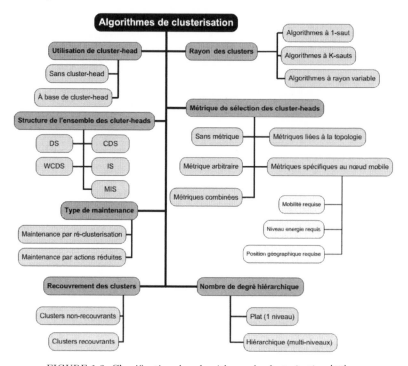

FIGURE 1.3. Classification des algorithmes de clusterisation [15].

Dans les réseaux auto-organisables, la clustérisation consiste à diviser le réseau en un ensemble de nœuds géographiquement proches. Elle présente alors une solution intéressante pour simplifier et optimiser les fonctions et les services du réseau. En particulier, elle permet au protocole de routage de fonctionner plus efficacement en réduisant le trafic de contrôle dans le réseau et en simplifiant le processus d'aiguillage des données.

La technique de clustérisassion consiste à organiser les nœuds du réseau en des groupes virtuels appelés "clusters". Les nœuds, géographiquement voisins, sont regroupés dans un même cluster selon certaines règles. Dans un cluster, on retrouve généralement trois types de nœuds comme le montre la figure 1.2 de l'état de l'art, "cluster-head", nœuds "passerelles" et nœuds "ordinaires" dite aussi membre. Dans chaque cluster, un nœud est élu comme chef de groupe, appelé cluster-head, qui possède des fonctions supplémentaires (routage, accès au médium,etc.). Une passerelle est un nœud non-cluster-head qui possède des liens interclusters et peut donc accéder à des clusters voisins et acheminer les données entre eux, tandis qu'un nœud ordinaire est un nœud non-cluster-head qui ne possède pas des liens avec les autres clusters.

Cette technique de structuration du réseau possède au moins trois avantages :

1) En premier lieu, la structure de clusters permet la réutilisation des ressources (la fréquence par exemple) du réseau.

2) En deuxième lieu, la structure de clusters permet la réutilisation des ressources du réseau, la diffusion des informations de routage s'arrête aux seuls nœuds du cluster.

3) Enfin, la structure de cluster fait apparaître le réseau plus petit et plus stable aux yeux de chaque nœud du réseau.

Dans le cadre de ce travail, la clustérisation du réseau, sera strictement basée sur la position géographique des nœuds ; le processus de clustérisation sera explicité dans la suite de ce chapitre.

1.3   Le routage dans un réseau maillé sans fil

Le routage est le mécanisme par lequel des chemins sont sélectionnés dans un réseau pour acheminer les données d'un expéditeur jusqu'à un ou plusieurs destinataires. Un protocole de routage ad hoc est un protocole de communication dédié au routage de paquets entre les différents nœuds d'un réseau maillé mobile. Le routage est une opération essentielle dans les réseaux mobiles parce qu'ils doivent assurer l'échange des données. Comme il peut transparaitre dans [16] un protocole de routage a à sa base deux processus essentiels : la découverte des routes et la maintenance des routes. En se basant sur le déroulement de la phase de découverte du chemin et de la mise à jour d'information de routage, les protocoles de routage peuvent être classés en trois groupes : proactif, réactif et hybride. Les protocoles de routage proactifs se basent sur l'établissement des routes à l'avance. Il existe deux approches pour ce type de routage : l'approche par vecteur de distance avec DSDV [17] (Destination-Sequenced

Distance-Vector) et l'approche à état des liens avec OLSR [18] (Optimized Link State Routing). Mais il existe aussi des classifications basées sur le mode de diffusion des paquets, on aura donc des protocoles unicast, multi-caste et même Geo-cast. Une représentation de cette classification est donnée dans la figure 1.4.

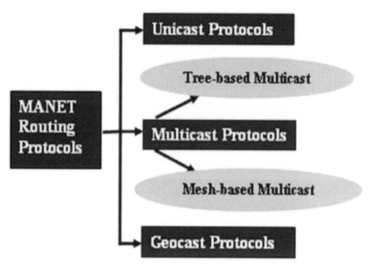

FIGURE 1.4. Classification of MANET Routing Protocols [19].

1.4 Supervision des réseaux

La supervision renvoie au contrôle et à la vérification. La supervision des réseaux informatiques est une activité de gestion très importante menée par l'administrateur réseau pour manager un réseau informatique. Elle peut être entièrement manuelle ; s'appuyer sur l'utilisation des outils de gestion comme SNMP [20] ou NetConf [21,22] ; elle peut aussi être basée sur l'utilisation des politiques. Le SNMP, Simple Network Management Protocol, est un protocole de communication qui permet aux administrateurs réseau de gérer les équipements du réseau, de superviser et de diagnostiquer des problèmes matériels et réseau à distance. Ce

8

système est basé sur trois éléments : le superviseur qui est la console qui permet à l'administrateur d'exécuter ses requêtes, les agents qui sont des entités situées entre le superviseur et les éléments gérés et enfin les nœuds qui sont les éléments gérés, [23]. Bien que SNMP soit très répandu, il n'est plus très adapté pour la gestion des configurations. Et c'est pour cette raison que l'IETF, Internet Engineering Task Force, a mis sur pieds un groupe de travail chargé du développement d'un nouveau protocole de configuration réseau basé sur l'utilisation de XML. En mars 2003, il a produit le protocole NETCONF. La caractéristique principale de NETCONF est qu'il travaille avec le paradigme RPC, Remote Procedure Call, les paramètres du gestionnaire sont codés en XML. Il est constitué de quatre couches ; la couche contenu, la couche opération, la couche RPC et la couche du protocole applicatif, pour plus de détails sur NETCONF, voir [23]. Comme autre approche de supervision des réseaux on peut citer les PBNMs, Policy-Based Network Management.

En effet, la gestion sur base de politiques (Policy-based Network Management) se définit comme étant l'utilisation de règles pour gérer la configuration et le comportement d'une ou plusieurs entités [24,25]. Une règle, dans le cadre de cette méthodologie, lie un ensemble d'actions à un ensemble de conditions. Les conditions sont évaluées afin de déterminer s'il faut appliquer les actions. Une extension possible de cette définition est l'ajout d'un ensemble d'évènements, qui peuvent déclencher l'évaluation des conditions, [23,26]. L'objectif principal de cette approche est de gérer le réseau de manière unifiée : Les politiques peuvent servir aussi bien à changer les caractéristiques d'un certain type de trafic, comme les algorithmes de queuing ou dropping en fonction des valeurs de certaines mesures (par ex. le nombre de paquets reçus) qu'à contrôler l'usage qu'un utilisateur fait des ressources du réseau.

1.5 Quelques logiciels de supervision

Plusieurs logiciels ont déjà été conçu pour permettre la supervision dans les réseaux. Ces logiciels peuvent être libres (le cas de MRTG, Nagios et CACTI) ou propriétaires (le cas de IBM Tivoli Netview et HP OpenView) [27].

1.5.1 MRTG

Le logiciel MRTG est un outil qui surveille la charge de la circulation des données qui transitent sur l'ensemble du réseau, un sous-réseau ou sur certaines machines du réseau en passant par les principes de SNMP. Les résultats de son fonctionnement sont produits sous forme des pages HTML contenant des images qui fournissent une représentation visuelle du trafic désiré. Il est basé sur les langages Perl et C, il fonctionne sous UNIX et Windows NT.

1.5.2 CACTI

CACTI est un logiciel de supervision qui est basé sur un serveur avec une base de données MySQL et PHP. Il permet de stocker toutes les informations de supervision réseau et génère des graphiques. Les informations générées par cet outil sont utilisées par SNMP. Il permet donc de représenter graphiquement divers statuts de périphériques réseau utilisant SNMP ou encore grâce à des scripts (PHP, Perl, VBs...) pour avoir par exemple l'espace disque restant ou le ping d'un élément actif [27].

1.5.3 NAGIOS

C'est un logiciel qui permet de superviser un système d'information complet. Les fonctionnalités de Nagios sont nombreuses. La première particularité de Nagios est la modularité. En effet des *"plugins"* peuvent être ajoutés pour effectuer des taches spécifiques. De nombreux "plugins" sont déjà écrits par la communauté Nagios mais chaque administrateur peut en écrire lui même pour des taches spécifiques.

1.5.4 IBM Tivoli Netview

C'est un logiciel qui est né du rachat de l'entreprise Tivoli par IBM. Il s'agit d'une suite de logiciels comprenant notamment Tivoli Monitoring essentiellement dédié à la supervision de machines ou d'applications. Son architecture repose sur le protocole SNMP. Des agents sont en places sur chaque matériel et une application centrale permet d'effectuer divers opérations telles que la définition des règles de supervision, le stockage des informations, la génération des graphiques sur l'état du réseau.

1.5.5 HP OpenView

Le logiciel HP OpenView est aussi un des logiciels majeur de la supervision. Il permet le management d'équipements réseau. Il possède une interface graphique qui permet un affichage de l'état courant des équipements. Un système d'alarme permet de synchroniser le tout. Il est aussi basé sur le modèle SNMP pour dialoguer avec les différentes machines.

1.6 La mobilité des nœuds dans un réseau

La mobilité dans un réseau, c'est le déplacement des nœuds appartenant à un réseau donné d'une cellule à une autre, sans perdre leurs connexions, ou perturber le fonctionnement du réseau, [28,29]. La mobilité n'est possible que dans les réseaux mobiles, et un réseau mobile est un système composé de nœuds reliés les uns aux autres par des liens de communication sans fil, ces nœuds sont libres de se déplacer sans perdre de leur connexion réseau, [28, 29, 30].

Il existe plusieurs générations de réseaux mobiles, nous avons : réseaux mobiles à station de base fixes, les réseaux radio mobiles, les réseaux satellitaires, les réseaux P2P à simple saut et les réseaux mobiles ad hoc MANET (Mobile Ad Hoc Network), [28, 29, 31, 32]. Il faut noter que la mobilité dans les réseaux mobiles est à l'origine d'un ensemble de problèmes parmi lesquels on a : le nommage et l'adressage des nœuds mobiles ; le routage ; la récupération des adresses ; la diffusion de données et dépendance de la localisation... [28].

La mobilité des nœuds est un élément important qui doit toujours être prise en compte lorsqu'on a à faire aux MANETs. Elle a une influence certaine sur l'évaluation des performances des protocoles de routage comme explicité dans le RFC 2501 [33]. La figure 1.5, par exemple, montre que lorsque la mobilité est exprimée en termes de vitesse, on a : la diminution du nombre de paquets délivrés (PDR : Packet Delivery Ratio) avec l'augmentation de la vitesse ; et l'augmentation de la surcharge (overhead) avec l'augmentation de la vitesse.

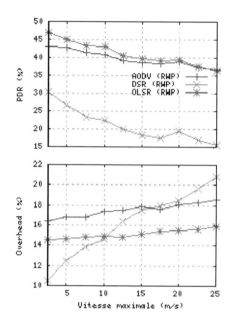

FIGURE 1.5. Influence de la mobilité sur la performance de routage MANET [32].

Il faut dire que, selon qu'on parle de mobilité en milieu urbain ou dans une opération militaire, le modèle de la mobilité sera fonction du contexte. La représentation de la mobilité varie énormément selon les environnements considérés et de nombreux modèles de mobilité ont été mis au point pour couvrir les divers comportements possibles. Ils se divisent en deux catégories :

1) Les modèles individuels, où les déplacements de chaque nœud sont déterminés indépendamment les uns des autres.

2) Les modèles de groupe, qui prennent en compte la corrélation de déplacements entre certains nœuds. Ces modèles divisent les nœuds en plusieurs groupes et définissent une relation entre les unités mobiles appartenant à un même groupe.

De plus, il existe trois types de loi de mouvement : aléatoire, déterministe et hybride.

12

1) Les modèles aléatoires présentent des déplacements arbitraires et sans contraintes d'environnement. Ce sont des modèles simples à mettre en œuvre et par conséquent très utilisés.

2) Les modèles déterministes, quant à eux, s'appuient sur des traces (comportements d'utilisateurs observés dans des systèmes réels).

3) Des modèles hybrides réalisent un compromis entre simplicité et réalisme mais restent difficiles à mettre en place.

Dans le cadre de ce travail, nous allons précisément nous intéresser aux modèles : Random Waypoint qui répond à la loi aléatoire et Manhattan qui répond à la loi hybride.

1.6.1 Random Waypoint

Le modèle de mobilité Random Waypoint (RWP) [33] définit un temps de pause entre les changements de direction et/ou de vitesse. Les nœuds mobiles sont initialement répartis de manière aléatoire autour de la zone de simulation. Un nœud mobile commence par séjourner dans un endroit pendant une certaine période de temps (c'est-à-dire, un temps de pause). Une fois cette période terminée, le nœud mobile choisit une destination aléatoire et une vitesse qui est répartie uniformément entre [minspeed, maxspeed]. Le nœud mobile se déplace alors vers sa nouvelle destination à la vitesse sélectionnée. À l'arrivée, il s'immobilise pour la période de temps spécifiée, puis réitère le processus. Ce mouvement est similaire au modèle de mobilité Random Walk si le temps de pause est nul.

1.6.2 Manhattan

Le modèle de mobilité Manhattan [33] est utilisé pour émuler le modèle de circulation des nœuds mobiles dans des rues définies par des cartes. Un exemple de la carte de Manhattan utilisée est présenté dans la figure 1.6. Ce modèle peut être utile dans la modélisation de circulation dans une zone urbaine où un service d'échange informatique entre appareils portables est prévu. Une carte est composée d'un certain nombre de rues horizontales et verticales. Chaque rue a deux voies dans chaque direction (les directions Nord et Sud en rues verticales, l'Est et l'Ouest en rues horizontaux). Le nœud mobile est autorisé à se déplacer

13

selon la grille des rues horizontales et verticales sur la carte. À l'intersection d'une rue horizontale et d'une rue verticale, le nœud mobile peut tourner à gauche, à droite ou aller tout droit. Ce choix est probabiliste : la probabilité de passer dans la même rue est de 0,5, la probabilité de virage à gauche est de 0,25 et la probabilité de tourner à droite est de 0,25 [33]. La vitesse d'un nœud mobile durant une tranche horaire dépend de la vitesse lors de la dernière tranche horaire, elle est limitée par la vitesse du nœud précédent sur la même voie de la rue. Les relations inter-nœud sont les mêmes que dans le modèle Freeway. Cependant, il diffère du modèle Freeway en donnant la liberté au nœud de modifier sa direction.

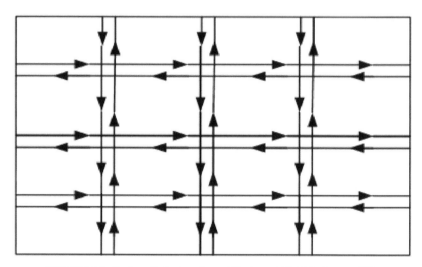

FIGURE 1.6. Carte utilisée dans le modèle de mobilité Manhattan [33].

1.6.3   La gestion orientée politique

La gestion par les politiques ou stratégies (PBM, Policy-Based Management) est une approche de gestion qui consiste à définir globalement le comportement des équipements du réseau à travers un ensemble de règles génériques du type Si condition Alors action définie par l'administrateur. Ces politiques de haut niveau d'abstraction sont ensuite traduites en

14

commandes de bas niveaux spécifiques aux équipements. Cette approche est représentée dans la figure 1.7.

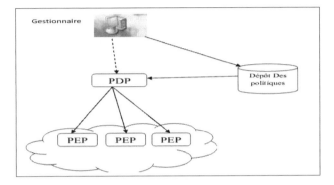

FIGURE 1.7. Architecture générale de la gestion par politique [34].

Elle repose sur l'interaction entre deux composants :

1) Le point de décision de politiques (PDP, Policy Decision Point) permet de prendre en charge les politiques de haut niveau, de s'assurer de leurs cohérences et de les traduire en opérations interprétables par les équipements, pour enfin les distribuer aux points d'application,

2) Le point d'application de politiques (PEP, Policy Enforcement Point) a quant à lui pour rôle l'exécution des opérations de bas niveau transmises par le point de décision.

Et pour ce qui est des PBNMs, pour qu'il ait interaction entre ces composants, il faut une bonne représentation de l'information, pour une représentation précise du système. Cela repose sur l'utilisation de : modèle, langage et dictionnaire de données.

1) Modèle d'information : C'est une abstraction et une représentation des entités de l'environnement à gérer, ce qui inclut la définition de leurs attributs, des opérations qu'ils supportent, et des relations qui existent entre eux (modèle orienté-objet). Il explicite donc la sémantique, le comportement et les interactions de ces entités. Ainsi, on peut

15

représenter dans ce modèle aussi bien des routeurs et des switches que des utilisateurs et des services.

2) Langage de politiques : Les langages permettent d'exprimer directement la sémantique qui permet à chaque niveau de politiques de traduire ses informations et concepts aux autres couches qui ont besoin de ces informations. Ils sont également compréhensibles par les machines, ce qui permet entre autres de les utiliser pour la détection de conflits. L'utilisation de langages permet surtout de lier entre elles les différentes abstractions à partir desquelles les politiques sont construites, quel que soit leur niveau.

3) Dictionnaire de données : Le dictionnaire de données permet de s'assurer que les différents modèles et langages agissant à chaque niveau d'abstraction parlent bien des mêmes éléments.

L'architecture des PBNMs est donnée à la figure 1.8.

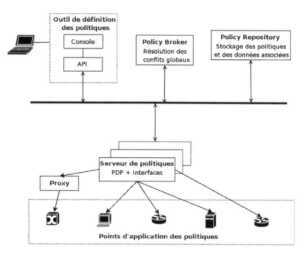

FIGURE 1.8. Architecture d'un système PBNM [35].

Le point d'application de politiques est un élément du système qui applique les politiques à un équipement particulier, en utilisant les commandes ou le protocole approprié pour contrôler ce dernier (CLI, NETCONF, SNMP, etc.).

Le chapitre suivant présentera la méthodologie mise en œuvre pour élaborer la contribution proposée dans ce mémoire. Il est à noter que cette contribution utilise les concepts précédemment abordés à savoir : les réseaux maillés sans fil, la clusterisation, le routage, les PBNMs et la mobilité dans les réseaux mobiles. En effet, l'idée est qu'on ait un réseau maillé clustérisé et que dans chaque cluster on utilise un routage proactif. Il est donc question dans notre contribution d'utiliser les PBNMs pour définir un mécanisme qui exploitera la mobilité des nœuds à travers les clusters pour avoir des informations de routage, pour un nouvel arrivant dans un cluster donné, sur son cluster d'origine et ce sans avoir à solliciter des ressources réseaux en dehors du cluster d'accueil.

Chapitre 2

Méthodologie

Ce chapitre concerne la méthodologie utilisée dans la mise en œuvre de notre contribution. Il est constitué de quatre sections. Dans la première, on parlera de la représentation schématique du concept, dans la deuxième section on énoncera les hypothèses, dans la troisième section on appliquera les politiques et en fin dans la section quatre, on proposera le protocole expérimental qui sera utilisé pour analyser le comportement de notre proposition.

2.1 Présentation schématique du concept

De façon globale, l'idée de notre travail est l'utilisation des nœuds mobiles, par un cluster head, pour s'informer sur les « régions » du réseau situées dans le voisinage du cluster dont il a la charge. Pour imager notre idée, nous allons utiliser un modèle traditionnel africain. Notre modèle est constitué des éléments suivants : le groupement, le village, le chef du village, le griot (le mobile) et simple villageois.

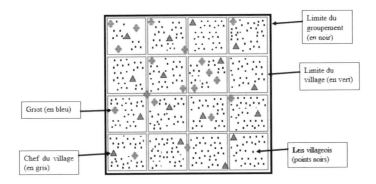

FIGURE 2.1. Représentation schématique de notre contribution.

Dans cette configuration, seuls les griots sont mobiles. Ils vont de villages en villages en rapportant des informations sur les villages qu'ils ont traversés. Mais dans notre modèle, seul le chef est habilité à recevoir les informations du griot. Ainsi durant sa traversée d'un village, le griot se trouvera dans les trois états suivants : (1) l'arrivée et l'échange avec le chef, (2) le séjour et la traversée du village, enfin (3) le départ et l'adieu au chef. Pour détailler le processus de chaque état, on aura :

1) L'arrivée et l'échange avec le chef : cette étape correspond aux opérations qui s'exécutent à l'arrivée du griot. Dans la première phase, il se présente auprès des villageois comme étranger, dans la deuxième il est conduit auprès du chef par les villageois, dans la troisième le griot répond aux questions du chef (quel est le dernier village que tu as traversé ? Qui est chef là-bas ? Parle-moi des habitants de là-bas. . .) et enfin il reçoit du chef l'autorisation de séjourner et de traverser son village.

2) Le séjour et la traversée du village : Dans cette étape, le griot collecte auprès des villageois des informations qu'il devra transmettre au chef du village voisin.

3) Le départ et l'adieu au chef : ici le griot informe le chef qu'il sort de son village et lui informe en même temps vers quel village il se dirige.

Et par ce procédé, le chef a des informations sur les villages voisins sans avoir à mobiliser des ressources qui se trouvent à l'extérieur de son village.

2.2 Hypothèses

Les hypothèses qui entourent le modèle de réseau maillé utilisé dans ce travail sont basées sur l'architecture suivante :

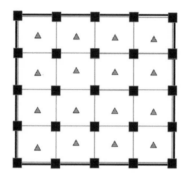

FIGURE 2.2. Représentation de notre domaine d'étude et des nœuds fixes.

Nos hypothèses sont alors :

H1 : Notre MANET est semi mobile. Il est constitué d'un ensemble de nœuds fixes, il s'agit ici des carreaux noirs et des triangles gris (figure 2.2 ci-dessus), et des nœuds mobiles constitués par les autres nœuds qui vont évolués dans les clusters du réseau.

H2 : La clustérisation utilisée dans ce mémoire est une clustérisation qui se base uniquement sur la position géographique des nœuds dans l'espace.

H3 : Pour simplifier le modèle, les clusters seront représentés par des carrés, comme on peut le voir avec les carrés délimités par les lignes vertes de la figure 2.2 ci-dessus. Les clusters-heads sont les triangles gris. Et les trais vert qui relient les nœuds frontières (les carreaux noirs) constituent les frontières de chaque cluster.

H4 : Les nœuds du réseau se déplacent exclusivement à l'intérieur de la zone délimitée par la ligne noire.

H5 : Un nœud peut quitter un cluster de deux façons. Soit en se déplaçant progressivement vers un autre cluster, soit en s'éteignant.

H6 : Un nœud entre dans un cluster soit en apparaissant soit en provenant d'un autre cluster.

H7 : Dans notre modèle, les nœuds fixes ne s'éteignent pas. Ils sont toujours en train de fonctionner.

A présent que les hypothèses sont spécifiées, passons à la présentation de notre contribution.

2.3 Application des politiques

Il faut rappeler que le but de notre travail, ici, est d'utiliser les tables de routages, des nœuds mobiles du MANET pour permettre aux différents clusters-heads d'avoir un aperçu des nœuds des clusters voisins. Et pour cela nous allons définir les différents états qu'ont les nœuds mobiles tout au long de leurs déplacements ; déterminer les différents objets qui vont être manipulés dans le modèle de notre contribution et enfin seront élaborées les politiques qui permettront d'atteindre notre but.

2.3.1 Les états des nœuds du modèle

La définition des états ici se fait par rapport à un cluster donné. En effet les états d'un nœud correspondent aux types d'échanges qu'a ce nœud avec les nœuds d'un cluster donné. Et de là cinq états ont été identifiés. Ces états sont les suivants : Apparaitre, Entrer, Transiter, Sortir et Disparaitre. De façon plus détaillée, on dira que :

1) **Apparaitre (A)** : Cet état correspond au phénomène d'apparition d'un nœud dans un cluster. Cela pourra être assimilé à la situation où on a un nœud éteint qui géographiquement est repéré dans un cluster donné. Pendant qu'il est éteint il n'est pas visible, mais s'il est démarré (allumé) il surgit dans le cluster.

2) **Entrer (E)** : Cet état correspond à la phase où le nœud se présente aux autres nœuds du cluster comme étant un nœud « étranger », nous voulons dire par là, comme un nouvel arrivant. Et dans cette phase, les échanges d'informations se feront principalement avec

21

le cluster-head, les autres nœuds servant d'intermédiaire. C'est durant cette phase que le cluster-head récupère la table de routage que le nœud nouvel arrivant a constitué dans son cluster d'origine. Et une fois que les informations sont récupérées par le cluster-head, celui-ci permet au nœud de transiter par son cluster.

3) **Transiter (T)** : Cet état correspond à la phase où le nœud « étranger », après avoir reçu l'accord du cluster-head se déplace dans son cluster d'accueil en échangeant les informations de routage avec les nœuds qu'il a trouvé dans le cluster et en appliquant les lois de ce cluster.

4) **Sortir (S)** : Cet état correspond à la phase où un nœud quitte un cluster pour aller dans un autre. Mais durant ce départ, le nœud doit prendre le soin d'informer son cluster-head qu'il est sorti par telle frontière du cluster.

5) **Disparaitre (D)** : Cet état correspond pour un nœud donné, à une sortie du cluster. Mais ici le nœud ne passe d'un cluster à un autre mais cesse simplement de fonctionner. Soit par extinction soit par panne du nœud.

On peut donc tracer le diagramme d'états suivant :

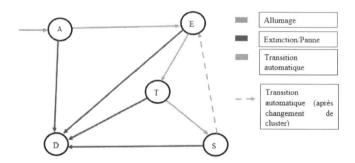

FIGURE 2.3. Représentation des transitions entre les différents états d'un nœud.

2.3.2 Les objets manipulés

Comme objets manipulés ici, on peut citer : les nœuds, les nœuds fixes, les nœuds mobiles, les cluster-heads, les nœuds frontières, les clusters, les frontières, les frontières de cluster et

22

les frontières du domaine d'étude.

De ces objets on a les diagrammes suivants :

Noeud
ID : String
coord_X : double
coord_Y : double
routeTable : Array
setID() : void
getID() : String
setCoord_X() : void
getCoord_X() : double
setCoord_Y() : void
getCoord_Y() : double
updateRouteTable() : void
getRouteTable() : Array
NoeudFixe
NoeudMobile
clusterHomeID : String
setClusterHomeID() : void
getClusterHomeID() : String
move_X() : double
move_Y() : double
NoeudFrontiere
noeudInterne : Boolean
setNoeudInterne() : void
getNoeudInterne() : Boolean
ClusterHead
headOf_ClusterID : String

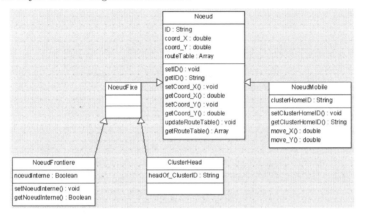

FIGURE 2.4. Les Nœuds et les différents types de Nœud.

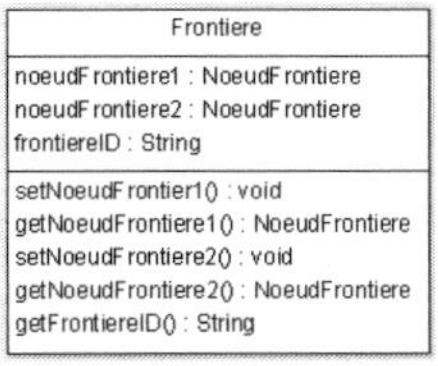

Frontiere
noeudFrontiere1 : NoeudFrontiere
noeudFrontiere2 : NoeudFrontiere
frontiereID : String
setNoeudFrontier1() : void
getNoeudFrontiere1() : NoeudFrontiere
setNoeudFrontiere2() : void
getNoeudFrontiere2() : NoeudFrontiere
getFrontiereID() : String

FIGURE 2.5. Les éléments caractéristiques d'une frontière.

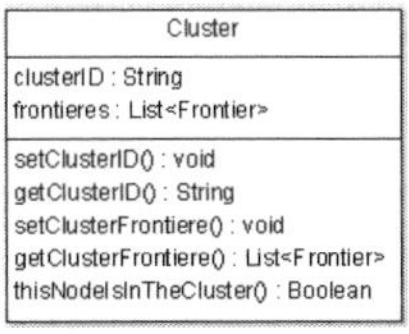

Cluster
clusterID : String
frontieres : List<Frontier>
setClusterID() : void
getClusterID() : String
setClusterFrontiere() : void
getClusterFrontiere() : List<Frontier>
thisNodeIsInTheCluster() : Boolean

FIGURE 2.6. Les éléments caractéristiques d'un cluster.

2.3.3 Elaboration des politiques

L'objectif de notre contribution est de pouvoir enrichir la table de routage du cluster-head avec des informations concernant les nœuds mobiles qui sont à l'extérieur de son cluster mais au « voisinage » de ses frontières. Ce en exploitant uniquement les ressources réseaux qui se trouvent à l'intérieur de son cluster. Et pour cela, nous allons élaborer des politiques de gestion d'un cluster. Ces politiques seront intimement liées aux différents états du nœud au cours de son déplacement.

Définition des politiques en fonction des états

1) Apparaitre : Un nœud qui est apparu, par mise sous tension, dans un cluster n'a pas de cluster d'origine. Il sera donc reconnu par la valeur *null* de son attribut *clusterHomeID*. Dans ce cas, les nœuds qui lui sont voisins pourront directement commencer à échanger avec lui. La politique implémentée dans cet état sera alors :

Si *getClusterHomeID = null* Alors *appliquer normalement le protocole de routage*

2) Entrer : Ici on a l'arrivée d'un nœud dans un cluster donné en provenance d'un autre cluster. Le nœud sera alors identifié comme « étranger » si la valeur du clusterHomeID est différente de la valeur du clusterID du cluster d'accueil. Dans cette situation, la position du nœud sera signalée au cluster-head. La table de routage que le nœud aura construite dans son cluster d'origine sera en priorité transmise au cluster-head. La politique implémentée dans cet état sera alors :

Si *getClusterHomeID ≠ clusterID* Alors *informer le cluster-head de la présence d'un nouvel arrivant en utilisant un canal prioritaire*

Si *getClusterHomeID ≠ clusterID* Alors *transférer la table de routage du nouvel arrivant en utilisant un canal prioritaire*

Si *la table de routage du nouvel arrivant a été reçu par le cluster-head* Alors *affecter la valeur clusterID du cluster d'accueil à la valeur de l'attribut clusterHomeID du nouvel arrivant*

3) Transiter : Ici, le nœud étranger, après la modification de son clusterHomeID, devient un membre à part entière de la communauté des nœuds du cluster d'accueil. La politique implémentée dans cet état sera alors :

Si *getClusterHomeID = clusterID* Alors *appliquer normalement le protocole de routage*

4) Sortir : Ceci correspond au départ du nœud pour un autre cluster. Et là le cluster-head est informé sur l'identifiant du nœud qui quitte son cluster et aussi sur l'identifiant de la frontière par laquelle il le quitte. Ces informations seront conservées par le cluster-head. La politique implémentée dans cet état sera alors :

Si *thisNodeIsInTheCluster() = false* Alors *le cluster-head enregistre l'identifiant du nœud sortant et l'identifiant de la frontière de sortie*

5) Disparaitre : En cas de disparition, l'implémentation normale du protocole de routage va se charger de faire « oublier » le nœud disparu.

Dans notre architecture les cluster-head sont les PDP et les autres nœuds sont des PEP. Et par rapport à la présentation schématique de la sous-section 1.5 du chapitre précédent, tous les nœuds mobiles qui vont d'un cluster à l'autre sont ceux qu'on a appelé les « griots ».

2.4   Le protocole expérimental

2.4.1   Description des éléments du protocole

La méthode utilisée ici pour mettre au point le protocole expérimental est inspirée de [30]. Dans cette section sera donné le sens de chaque élément qui sera utilisé dans le cadre de ce protocole. Ces éléments sont les suivants :

1) La question : C'est la question à laquelle le protocole doit permettre de répondre.

2) L'hypothèse : Les hypothèses sont formulées par rapport à la question.

3) La variable indépendante : C'est une caractéristique que l'on décide de faire varier pour étudier son effet. Une variable indépendante peut ainsi prendre plus d'une valeur.

4) Le traitement : Un traitement est une valeur prise par la variable indépendante.

5) L'ensemble des valeurs prisent par la variable indépendante constitue alors l'ensemble des traitements du protocole.

6) La variable dépendante : C'est une caractéristique qui varie en réaction à une variable indépendante. Elle correspond donc à la caractéristique qui sera mesurée à la suite de l'application des traitements.

7) L'échantillon : C'est l'ensemble des éléments sur lequel l'expérimentation sera effectuée.

2.4.2   Le protocole

Question : La mobilité des nœuds peut-elle être utilisée par le cluster-head pour avoir une visibilité sur les nœuds, des clusters voisins, qui se trouvent près des frontières de son cluster ?

Hypothèses : ces hypothèses ne doivent pas être confondues avec celles données dans la sous-section 2.2.2. Ainsi les hypothèses seront identifiées par des « **h** ».

1. h1 : A un instant « t » donné, seule une partie des nœuds d'un cluster sont mobiles.

2. h2 : Deux modes de mobilité seront utilisés pendant l'expérimentation. Il s'agit du Random Waypoint et Manhattan.

Variable indépendante : le pourcentage de nœuds mobiles par cluster.

Traitements : On fera des simulations avec différentes valeurs du pourcentage des nœuds mobiles.

Variable dépendante : Le nombre de nœuds perçus par un cluster-head et qui sont à l'extérieur de son cluster.

Echantillon : Ce sont les cluster-head (triangule gris) de la figure 2.2 de la section 2.1.2.

Après la présentation de notre proposition et surtout après la détermination du protocole expérimental, nous pouvons passer aux simulations et à la présentation des résultats. Ceci fera l'objet du prochain chapitre.

Chapitre 3

Simulations et résultats

Ce chapitre est consacré à la description des simulations et la présentation des résultats. Il aura donc deux sections : la première parlera des simulations et la seconde donnera les résultats obtenus.

3.1 Les simulations

Les simulations effectuées ici sont de deux types : la simulation des mouvements des nœuds et la simulation de la détermination des nœuds extérieurs. Nous allons commencer par la simulation du mouvement des nœuds. Il faut préciser que les aspects de politiques abordés dans notre proposition ont été simulés au travers des programmes que nous avons écrits.

3.1.1 La simulation du déplacement des nœuds

Dans notre modèle, il y a deux types de nœuds : les nœuds mobiles et les nœuds fixes. Comme nœuds fixes on a les cluster-heads et les nœuds frontières. Et comme nœuds mobiles, le reste des nœuds du domaine. Les nœuds mobiles utilisent deux modèles de déplacement à savoir Manhattan et RandomWaypoint. L'outil utilisé pour simuler ces modèles de déplacement est écrit en java et son auteur est Masoud Moshref Javadi. Cet outil s'appelle *Mobisim3*.

Son interface d'accueil est le suivant :

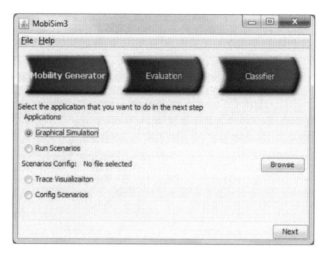

FIGURE 3.1. Interface d'accueil de Mobisim3.

Pour l'utilisation, cet outil dispose d'un manuel d'utilisation [35]. Nous allons juste nous contenter de présenter la répartition des nœuds, en situation de simulation, dans le domaine d'étude qui s'étend sur une surface de 500x500. La figue 3.2 suivante montre la répartition de 166 nœuds en situation de simulation du modèle de RandomWaypoint.

28

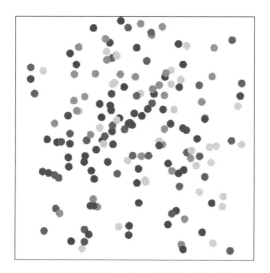

FIGURE 3.2. Simulation du modèle RandomWaypoint.

Et pour la simulation du modèle de Manhattan sur 82 on a obtenu à un instant donné le résultat de la figure 3.3.

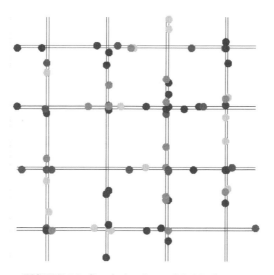

FIGURE 3.3. Simulation du modèle Manhattan.

Après ces deux simulations, deux fichiers ont été produits, un pour chaque modèle. Il faut préciser que la simulation a été effectuée sur 1000 « instants ». Et les fichiers produits permettent de déterminer les coordonnées des différents nœuds en fonction du temps. Ce sont les fichiers qui ont été utilisés pour simuler la détermination des nœuds extérieurs perçus.

3.1.2 La détermination des nœuds perçus à un instant donné

Dans cette sous-section sont simulées les politiques (voir la section contribution du chapitre précédent) de détection, par un cluster-head donné, des nœuds des clusters voisins mais qui sont proches de ses frontières. Cette détection exploite exclusivement les nœuds qui traversent les frontières du cluster « d'observation ». Pour faire ces simulations, des codes *java* ont été utilisé et l'environnement de développement est *NetBeans 8.0.* [www.netbeans.org]

Dans cette simulation, à chaque nœud a été attribué un rayon de couverture. Les cluster-heads, ici pour construire l'ensemble de nœuds *perçus* situés à l'extérieur de leurs clusters utilisent les nœuds qui entrent et sortent de leurs clusters pour avoir des informations sur l'extérieur. Ainsi, si on est dans le cluster « *i* », tout nœud quittant le cluster *i* sera automatiquement enregistré comme nœud extérieur appartenant au cluster de destination. Et pour tout nœud entrant dans *i* on va enregistrer, en fonction du rayon de couverture, la liste des nœuds situés dans son rayon de couverture et à l'extérieur du cluster *i* juste avant son entrée dans le cluster *i* comme appartenant au cluster d'origine.

Pour implémenter cela nous avons utilisés trois packages : *nodemobisim2, io, geometry*. Le package *nodemobisim2* contient trois classes :

- *Cluster* : Pour la définition des clusters. Voir le code source dans l'Annexe1.
- *ManetNode* : Pour la définition des nœuds. Voir le code source dans l'Annexe2.
- *NodeMobiSim2* : Pour la simulation proprement dite. Voir le code source dans l'Annexe3.

Le package *io* contient une seule classe :

- *FileReader* : Pour la lecture des fichiers. Voir le code source dans l'Annexe4.

Le package *geometry* contient trois classes :

- *Point* : Pour la définition géométrique des points.
- *Polygon* : Pour la définition géométrique des polygones.
- *StdDraw* : Pour dessiner les points, les lignes, les figures et l'écriture des textes.

Les codes des packages *nodemobisim2* et *io* ont été entièrement développés dans le cadre de ce travail. Mais les codes du package *geometry* découlent d'une personnalisation des codes développé par Princeton university.

Les simulations ont été effectuées sur la structure suivante :

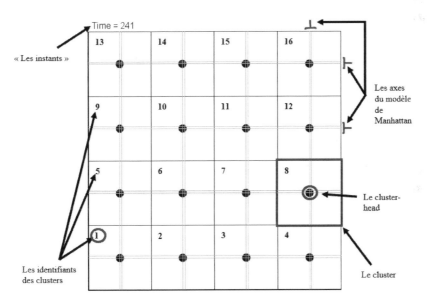

FIGURE 3.4. Description du domaine de simulation.

Maintenant passons à la présentation des résultats obtenus avec ces codes.

3.2 Résultats

Grâce aux codes qui ont été écris, une simulation du mouvement des deux familles (Manhattan et RandomWaypoint) de points a pu être effectuée simultanément sur le même domaine. Le résultat est donné dans la figure 3.6.

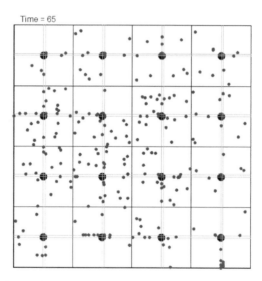

FIGURE 3.5. Simulation des deux modèles : Manhattan (points rouges sur les axes cyans) et RandomWaypoint (points bleus)

Pour ce qui est des nœuds perçus par le cluster-head d'identifiant « 1 », le résultat est donné en représentant ce cluster-head en vert et les nœuds perçus gardent leurs couleurs d'origine (rouge ou bleu) mais seul leur diamètre change par rapport aux autres nœuds mobiles. Cela est observable dans la figure 3.7.

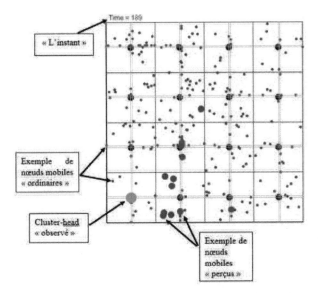

FIGURE 3.6. Identification des différents éléments de la simulation

Toujours pour le même cluster-head sont donnés les nœuds perçus à différents instants.
Il s'agit des instants : 363, 619, 912 et 1000.

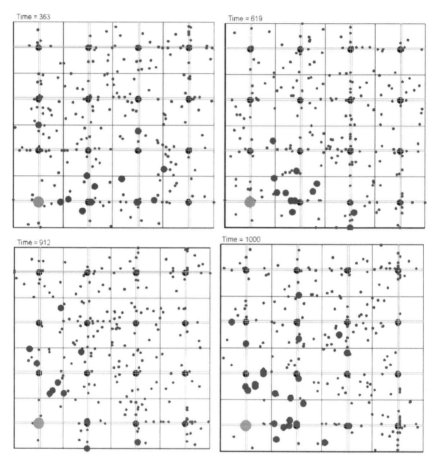

FIGUERE 3.7. Nœuds perçus aux instants 363, 619, 912 et 1000, pour le cluster id=1.

Et pour le cluster numéro « 6 » on aura, aux instants 15, 180, 305, 493 et 822 :

34

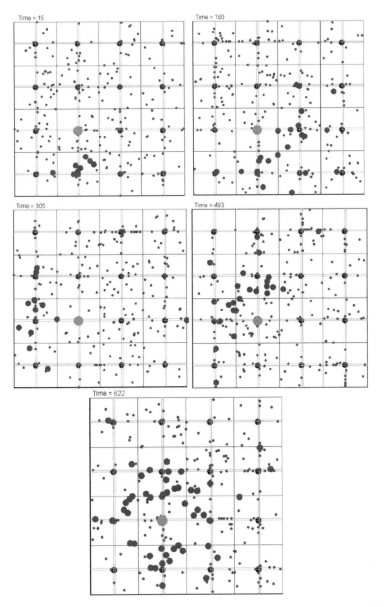

FIGURE 3.8. Nœuds perçus aux instants 15, 180, 305, 493 et 822, pour le cluster id=6.

Il est aussi possible de représenter uniquement les nœuds perçus par le cluster-head en affichant pas les autres nœuds. On peut voir cela dans la figure 3.9.

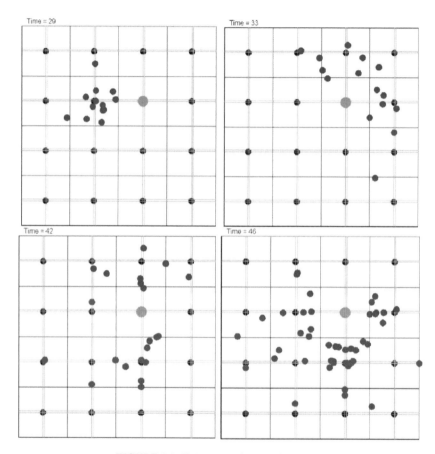

FIGURE 3.9. Uniquement les nœuds perçus.

Après avoir donné les résultats obtenus, Il faut procéder à la discussion de ceux-ci. Cela fera l'objet du prochain chapitre.

Chapitre 4

Discussion

Dans ce chapitre, on discutera les résultats obtenus par rapport au protocole expérimental. Et ensuite seront données quelques limites de la présente proposition.

Avant de commencer la discussion, commençons par rappeler la question du protocole expérimental :

La mobilité des nœuds peut-elle être utilisée par le cluster-head pour avoir une visibilité sur les nœuds, des clusters voisins, qui se trouvent près des frontières de son cluster ?

Il sera donc question de positionner les résultats obtenus par rapport à cette question. Il s'agira donc dans un premier temps de mettre en évidence le fait que le nombre de nœuds perceptibles dépend exclusivement des nœuds mobiles qui entrent et sortent du cluster. Et cela se fera en établissant une correspondance entre le nombre de nœuds qui traversent les frontières du cluster « d'observation » et le nombre de nœuds perceptibles. Dans un deuxième temps nous donnerons des explications sur la répartition spatiale des nœuds perçus.

4.1   Nœuds perceptibles et nœuds mobiles

Les résultats discutés dans cette partie sont ceux du cluster « 1 » sur les instants compris entre 900 et 1000. Les courbes sont tracées avec MatLab. (*version d'évaluation*).

D'après le principe exposé dans la sous-section 3.1.2 du chapitre 3, on a vu que certains nœuds perçus étaient en fait d'anciens voisins de nœuds qui sont entrés dans le cluster. La figure 4.1 rend compte du nombre de nœuds qui sont entrés. Dans la figure 4.2 on a le nombre de nouveaux nœuds perceptibles après les entrées des nœuds mobiles. En fusionnant les deux courbes, on obtient la figure 4.3. De cette dernière figure, il ressort ce qui suit :

Si au moins un nœud entre dans le cluster, le nombre de nouveaux nœuds perceptibles est supérieur ou égale à zéro, sinon ce nombre est exactement nul.

Et le figure 4.4 montre effectivement que le nombre total des nouveaux nœuds perceptibles est égale à la somme des nœuds perceptibles, obtenus par les nœuds entrés dans le cluster, et des nœuds sortis du cluster. Cela est observable entre les deux traits interrompus rouges

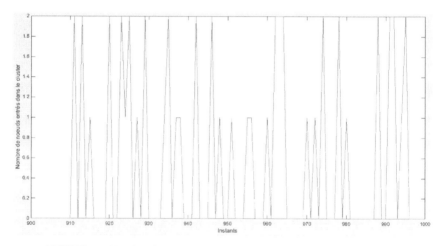

FIGURE 4.1. Nombre de nœuds entrés dans le cluster en fonction du temps.

38

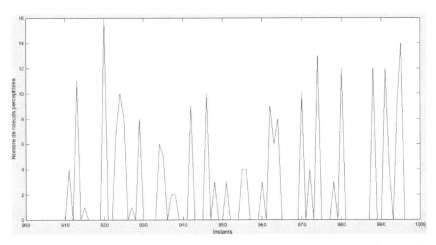

FIGURE 4.2. Nombre de nœuds nouveaux perceptibles par le cluster-head en fonction du temps.

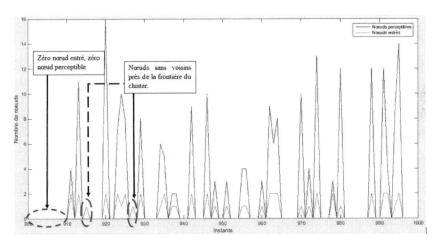

FIGURE 4.3. Nombre de nœuds ayant traversés la frontière (courbe bleue) et le nombre de leurs voisins avant la traversée.

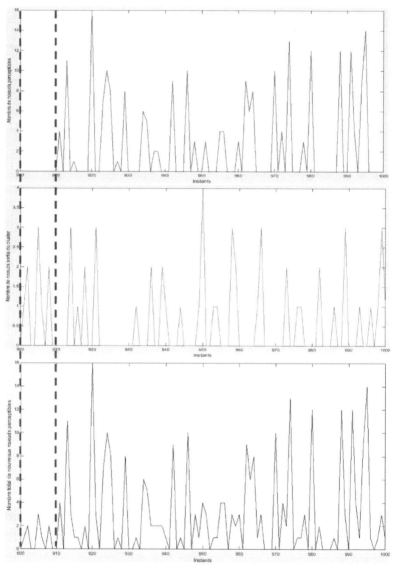

FIGURE 4.4. Voisins des nœuds entrés (rouge), nœuds sortis (bleu), nouveaux nœuds
perceptibles (noire)

On peut donc dire que les nœuds perceptibles dépendent uniquement des nœuds mobiles qui entrent et sortent du cluster.

Maintenant intéressons-nous à la répartition spatiale des nœuds perçus.

4.2   La répartition spatiale des nœuds perçus

Pour la répartition des nœuds perçus, intéressons-nous aux nœuds par le cluster-head du cluster « 11 » à l'instant 46, que l'on peut voir dans la figure 4.5 suivante :

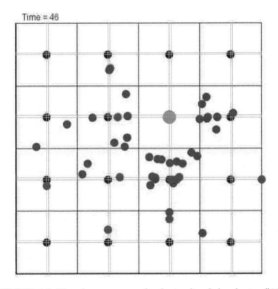

FIGURE 4.5. Nœuds perçus par le cluster-head du cluster "11".

La figure 4.5 permet de constater que les nœuds perçus sont soit sur les frontières du cluster « d'observation » soit hors, avec la majorité des nœuds perçus qui restent près des frontières. Cela s'explique par le mécanisme utilisé pour construire cette famille de nœuds. En effet les nœuds perçus ne sont rien d'autres que les nœuds qui viennent « juste » de sortir du cluster soit les voisins de ceux qui viennent « juste » d'entrer. Mais on constate tout

41

de même qu'il y a certains nœuds qui se sont « très » éloignés. L'éloignement des nœuds rouges (Manhattan) est en raison de leur vitesse élevée (voir hypothèse $h3$ du protocole expérimentale). L'éloignement des nœuds bleus (Random Waypoint) est lié au nombre de nœuds perçus que le cluster-head peut contenir, puis que ceux-ci sont stockés dans une file.

On peut donc répondre à la question du protocole expérimental par l'affirmative.

Conclusion générale

L'objectif de ce travail était de proposer une méthode, basée sur les politiques, qui permettra, dans un environnement MANETs clustérisé, aux cluster-heads d'exploiter les mouvements des nœuds pour avoir des « informations » sur les nœuds qui sont hors de leurs clusters mais proches des frontières de leurs clusters. Pour y parvenir, nous avons, pour chaque cluster, exploité les informations que détenaient les nœuds qui traversent les frontières du cluster à un instant donné.

Nous avons ainsi défini des politiques qui permettent de collecter ces informations, à savoir les nœuds qui se trouvent dans le voisinage, extérieur, des frontières de chaque cluster à un instant donné. Ces politiques ont été implémentées en java. Les résultats obtenus ont permis de constater qu'avec les politiques proposées, les cluster-heads parviennent à percevoir un nuage de nœuds extérieur à leurs différents clusters à un instant donné.

Il a également été montré que le nombre (non nul) de nœuds perceptibles dépend exclusivement du nombre de nœuds entrés ou sortis du cluster. Mais il s'est posé la question de savoir : Quelle pourrait être la taille optimale de la file de stockage des nœuds perçus ? Etant donné que la présente méthode exploite le mouvement, une piste pour répondre à cette question serait à la vitesse de déplacement des nœuds.

La capacité de la file des nœuds nous permet de transiter vers les limites de notre proposition.

Limite du modèle

Le modèle présenté dans cette étude présente une limite majeure :

– Le nombre maximal de nœuds que le cluster-head peut percevoir.

En effet, précédemment, nous avons utilisés les deux expressions suivantes : « nœuds perçus » et « nœuds perceptibles ». Les « nœuds perceptibles » c'est la famille des nœuds donnés par la méthode proposée dans ce document. Et les « nœuds perçus », sont ceux que le cluster-head pourra effectivement percevoir en raison de la capacité de la file des nœuds perçus. Alors il est question de pouvoir trouver une taille optimale.

Les perspectives

Il serait question ici d'approfondir la notion de la taille de la file, trouver une taille optimale pour le stockage des noeuds qui sont perçus au voisinages des clusters lors du passage (entrer sortie) des nœuds mobiles. Une première solution serait la diminution de la vitesse de déplacement des nœuds ou l'augmentation de la taille de stockage.

Aussi, il serait intéressant d'intégrer la notion des agents, des agent coopératifs qui pourront facilité l'échange d'informations de routage entre les cluster-heads constituant le maillage du réseau.

Bibliographie

[1] A. OUNIS. Optimisation de la capacité et de la consommation énergétique dans les réseaux maillés sans fil. Thèse, pp 3. INSA de LYON, 2013.

[2] M. JUDE. Policy-based Management : Beyond The Hype. BUSINESS COMMUNICATIONS REVIEW. Mars 2001.

[3] C. M. KELIIAA et al. Policy Based Network Management. Sandia National Laboratories. Février 2005.

[4] C. C. MACHADO et al. Policy Authoring for Software-Defined Networking Management.

[5] J. STRASSNER. Policy-based network management - Solutions for the next generation. Morgan Kaufmann. 2004.

[6] M. MAHSEUR. Routage dans les réseaux maillés sans fil. Mémoire de Master. Algérie. 2011.

[7] ItrainOnline MMTK. RESEAUX SANS FIL MAILLES («M0.ESH»). www.itrainonline.org, Janvier 2006.

[8] IEEE 802.15.1-2002 IEEE Standard for information technology – Telecommunication and information exchange between systems - LAN/MAN - Part 15.1 : Wireless Medium Access Control (MAC) and Physical Layer (PHY) specifications for Wireless Personal Area Networks(WPANs). Technical report, 2002.

[9] ETSI. Ets 300 652 : Radio equipment and systems (res), high performance radio local area networks (hiperlan) type 1 functional specification. Technical report, SophiaAntipolis, France, 1996.

[10] IEEE Computer Society. Part 11 : Wireless lan medium access control (mac) and physical layer (phy) specifications. IEEE Std. 802.11-1999, 1999.

[11] A. OUNI. Optimisation de la capacité et de la consommation énergétique dans les réseaux maillés sans fil. Thèse, pp 2-7. INSA de LYON, 2013.

[12] A. TONNENSEN. Mobile Ad-Hoc Networks.

[13] A. OUNI et al. . Capacité de réseaux maillés sans fil : éléments déterminants et caractères insensibles. Sophia Antip olis, France. 2010.

[14] E. M. BELDING-ROYER. Hierarchical Routing in Ad Hoc Mobile Networks. Wireless Communications and Mobile Computing. 2002.

[15] B. GUIZANI. algorithmes de clustérisation et routage dans les réseaux Ad Hoc. Thèse. Université de Technologie de Belfort-Montbeliard, 2012.

[16] C. MURTHY, S. RAM, and B.S. MANOJ. Ad Hoc Wireless Networks : Architectures and Protocols. Prentice Hall PTR, 2004.

[17] C.E. PERKINS and P. BHAGWAT. Highly Dynamic Destination-Sequenced Distance-Vector Routing (DSDV) for Mobile Computers. In Proc. of the conference on Communications architectures, protocols and applications (SIGCOMM'94), pages 244 254. ACM, August 1994.

[18] T. CLAUSEN and P. JACQUET. Optimized Link State Routing Protocol OLSR. http ://tools.ietf.org/html/rfc3626, October 2003. RFC3626.

[19] M. Chitkara et al. International Journal of Computer Science and Mobile Computing. Vol.3 Issue.2, February- 2014, pg. 432-437

[20] W. STALLINGS. SNMP, SNMP v2, and CMIP. Addison-Wesley. 1993.

[21] R. ENNS. "NETCONF Configuration Protocol," Internet-Draft Version 3, Internet Engineering Task Force, June 2004. Expired.

[22] M.-J. CHOI, H.-M. CHOI, J. HONG, et H.-T. JU. "XML-based configuration management for IP network devices," IEEE Communications Magazine, vol. 42, no. 7, pp. 84 91, 2004.

[23] M. A. AYACHI. Contributions à la détection des comportements malhonnêtes dans les réseaux ad hoc AODV par analyse de la confiance implicite. Thèse, Université de Rennes 1. 2011.

[24] V. VAN DEN SCHRIECK. Conception d'un langage flexible de définition de politiques de routage BGP. 2005.

[25] M. Ludovic. Gestion de réseaux par politiques. Rapport bibliographique. Avril 2004.

[26] E. ANDRE, G. DE RUGY, G-J. HERBIET, B. INCATASCIATO. RADIOCOM-MUNICATION ET RADIODIFFUSION. Rapport d'électif.

[27] P. Adrien COPONAT, REYNIER Serge. Supervision réseau. Master 2 SIR, UCLB, 2010

[28] S. ZIANE. Une approche inductive dans le routage à optimisation du délai : application aux réseaux 802.11. Thèse. Université de Paris 12. 2008.

[29] J. DEFAYE. Les différents types de réseaux sans fil. Conservatoire national des arts et métier. Lyon 2006.

[30] A. BENOIT. Réseaux sans fil. Cours université de Lyon.

[31] C. YAWUT. Adaptation à la mobilité dans les réseaux ad hoc. Thèse.

[32] H. JAMEL. Système pervasif : perspectives pour l'amélioration de qualité de vie de personnes assistées. Thèse de Magister. 2011.

[33] M. BONAVENTURE. Conception d'un langage flexible de définition de politiques de routage BGP.

[34] Conseil de développement du loisir scientifique, Mettre au point un protocole expérimental, Tabasko Communications, 2011.

[35] J. M. Moshref. User Guide MobiSim v3 – A Framework to Manage Mobility Models. 2006-2013.

Les annexes

Annexe 1 : Cluster.java

```java
package nodemobisim2 ;
import geometry.Point ;
import geometry.Polygon ;
import java.util.ArrayList ;
import java.util.Hashtable ;
public class Cluster implements Cloneable
private int clusterId ;
private ManetNode clusterHead ;
public ManetNode[] nodesBounds ;
public ArrayList<String> clusterNeighborIds ;
public ArrayList<Integer> inManetsNodesIds ;
public Point centre ;
public Integer[] in,out,nei,vois ;
public Hashtable homeNodes ;
public Hashtable[] stats ;
private Polygon polygon ;
private Hashtable appersu ;
private Hashtable appersuT ;
public void Cluster()
this.clusterHead = new ManetNode() ;
this.nodesBounds = new ManetNode[4] ;
```

```java
this.inManetsNodesIds = new ArrayList<>();
//System.out.println("poly");
this.polygon = new Polygon();
public ManetNode getClusterHead()
if(this.clusterHead==null)this.clusterHead = new ManetNode();
this.clusterHead.setPoint(centre);
return this.clusterHead;
public void addAppersu(int nodeId, int clustId)
if(appersu==null)appersu = new Hashtable();
if(appersu.get(clustId)==null)appersu.put(clustId, new ArrayList<Integer>());
for(Object key :appersu.keySet())
if(((ArrayList<Integer>)appersu.get(key)).indexOf(nodeId)!=-1)
if(clustId!=(int)key)
((ArrayList<Integer>)appersu.get(key)).remove(((ArrayList<Integer>)
appersu.get(key)).indexOf(nodeId)); break;

if( !((ArrayList<Integer>)appersu.get(clustId)).contains(nodeId))
((ArrayList<Integer>)appersu.get(clustId)).add(0, nodeId);

public void addAppersu(int nodeId, int clustId,int time)
clustId++;
if(clustId!=this.clusterId)
if(appersuT==null)appersuT = new Hashtable();
if(appersuT.get("t"+time+"c"+clustId)==null)appersuT.put("t"+time+"c"+clustId, new
ArrayList<Integer>());
if( !((ArrayList<Integer>)appersuT.get("t"+time+"c"+clustId)).contains(nodeId))
((ArrayList<Integer>)appersuT.get("t"+time+"c"+clustId)).add(nodeId);

public void addAppersu(ArrayList<Integer> nodeId, int clustId)
if(appersu==null)appersu = new Hashtable();
if(appersu.get(clustId)==null)appersu.put(clustId, new ArrayList<Integer>());
```

```java
for(Object key :appersu.keySet())
if(((ArrayList<Integer>)appersu.get(key)).indexOf(nodeId) !=-1)
for(Integer id :nodeId)
if(clustId !=(int)key)
((ArrayList<Integer>)appersu.get(key)).remove(((ArrayList<Integer>)appersu.get(key)).indexOf(id)) ;
break;

for(Integer id :nodeId)
if( !((ArrayList<Integer>)appersu.get(clustId)).contains(id))
((ArrayList<Integer>)appersu.get(clustId)).add(0,id) ;

public ArrayList<Integer> getAppersu(int clustId)
return ((ArrayList<Integer>)appersu.get(clustId)) ;
public ArrayList<Integer> getAppersu(int time, int clustId)
return ((ArrayList<Integer>)appersuT.get("t"+time+"c"+clustId)) ;
public Object getNeighborId()
return appersu.keySet() ;
public ArrayList<Integer> getAppersuT(int clustId)
return ((ArrayList<Integer>)appersuT.get(clustId)) ;
public void addAppersu(ArrayList<Integer> nodeId, int clustId, int time)
clustId++ ;
if(clustId !=this.clusterId)
if(appersuT==null)appersuT = new Hashtable() ;
if(appersuT.get("t"+time+"c"+clustId)==null)appersuT.put("t"+time+"c"+clustId, new
ArrayList<Integer>()) ;
for(Integer id :nodeId)
if( !((ArrayList<Integer>)appersuT.get("t"+time+"c"+clustId)).contains(id))
((ArrayList<Integer>)appersuT.get("t"+time+"c"+clustId)).add(id) ;


public String appersuToString()
```

```java
String str="";
ArrayList<Integer> tst;
if(appersu!=null)
for(Object key :appersu.keySet())
if( !((ArrayList<Integer>)appersu.get(key)).isEmpty())
str+=" k = "+((int)key+1)+" "+((ArrayList<Integer>)appersu.get(key)).
subList(0, Math.min(((ArrayList<Integer>)appersu.get(key)).size(), 9));


return str; public String appersuTToString()
String str="";
System.out.println("numb = "+appersu.keySet().size()+" "+appersu.keySet());
if(appersuT!=null)
for(Object key :appersuT.keySet())


return str; public String appersuTToString(int nClusterId)
String str="";
if(appersuT!=null)
for(Object key :appersuT.keySet())
//System.out.println(""+key);
if(((String)key).contains("c"+nClusterId))


return str; public void setId(int id)
this.clusterId = id;
public int getId()
return this.clusterId;
public void setClusterHead(ManetNode ch)
this.clusterHead = ch;
public void setPolygon(Polygon poly)
this.polygon = poly;
public Polygon getPolygon()
```

```
if(this.polygon == null) return new Polygon();
return this.polygon;
public void addNode(int mn)
if(inManetsNodesIds==null)inManetsNodesIds = new ArrayList<>();
inManetsNodesIds.add(mn);
public boolean contains(int mn)
if(inManetsNodesIds!=null)return inManetsNodesIds.contains(mn);
return false;
public ArrayList<Integer> getInManetsNode()
if(inManetsNodesIds==null)inManetsNodesIds = new ArrayList<>();
return inManetsNodesIds;
public void emptyInManetNode()
if(inManetsNodesIds!=null)this.inManetsNodesIds = new ArrayList<>();
```

Annexe 2 : ManetNode.java

```java
package nodemobisim2;

import geometry.Point;

import java.util.ArrayList;

import java.util.Hashtable;

public class ManetNode implements Cloneable

private int id;

private String strID;

private double posX;

private double posY;

private double rayonDeCouverture;

private int clusterHomeID;

private String modelDeplacement;

private Point point;

public Hashtable voisins;

private Hashtable appersu;

public ArrayList<Integer> neighborNodesIds;

public void setStrId(String str)

strID = str;

public String getStrId()

return strID;

public void initialise(ArrayList<Integer> neighborClusterNumber)

for(Integer i :neighborClusterNumber)appersu.put(i, new ArrayList<Integer>());

public void addInNeighborCluster(int clusterId, int nodeId)

appersu.put(clusterId, nodeId);

public int getDirection(int i)

for(Object k : appersu.keySet())

if(((ArrayList<Integer>)appersu.get(k)).contains(i))return (int)k;


return -1;
```

```java
public void addNodeId(int mn)
if(neighborNodesIds==null)neighborNodesIds = new ArrayList<>() ;
neighborNodesIds.add(mn) ;
public ArrayList<Integer> getNeighborNode()
if(neighborNodesIds==null)neighborNodesIds = new ArrayList<>() ;
return neighborNodesIds ;
public void setId(int id)
this.id = id ;
public int getId()
return this.id ;
public void setPosX(double x)
this.posX = x ;
public double getPosX()
return this.posX ;
public void setY(double y)
this.posY = y ;
public double getY()
return this.posY ;
public void setRayonDeCouverture(double rdc)
this.rayonDeCouverture = rdc ;
public double getRayonDeCouverture()
return this.rayonDeCouverture ;
public void setClusterHomeId(int chi)
this.clusterHomeID = chi ;
public int getClusterHomeId()
return this.clusterHomeID ;
public void setModelDeplacement(String model)
this.modelDeplacement = model ;
public String getModelDeplacement()
return this.modelDeplacement ;
public void setPoint(Point pt)
```

```java
this.point = pt ;
this.posX = pt.x ;
this.posY = pt.y ;
public void setPoint(int x, int y)
point = new Point(x, y) ;
public Point getPoint()
return this.point ;
public String toString()
return this.clusterHomeID+" id="+this.strID+" "+this.point.toString()+"
"+this.rayonDeCouverture+" "+neighborNodesIds ;
```

Annexe 3 : NodeMobiSim2

package nodemobisim2 ;

import geometry.Point ;

import geometry.Polygon ;

import geometry.StdDraw ;

import io.FileReader ;

import java.awt.Color ;

import java.io.FileWriter ;

import java.io.IOException ;

import java.util.ArrayList ;

import java.util.Hashtable ;

public class NodeMobiSim2

public static void nodesClusterHome(Hashtable nodesHash, Hashtable clustHash, ArrayList<Cluster>

clst)

String time ;

for(Object key :nodesHash.keySet())

for(Cluster cl :clst)

if(cl.getPolygon().contains(((ManetNode)nodesHash.get(key)).getPoint()))

((ManetNode)nodesHash.get(key)).setClusterHomeId(cl.getId()) ;

if(cl.homeNodes==null)cl.homeNodes=new Hashtable() ;

time = ((String)key).substring(0, ((String)key).indexOf("|")) ;

//System.out.println(time) ;

if(cl.homeNodes.get(time)==null)cl.homeNodes.put(time, new ArrayList<String>()) ;

((ArrayList<String>)cl.homeNodes.get(time)).add(((ManetNode)nodesHash.get(key))

.getStrId()) ;

continue ;

public static void nodeVoisin(ArrayList<Cluster> clst, Hashtable nodeHash)

```java
for(Cluster cl :clst)
//System.out.println("************** "+cl.getId()+" "+cl.homeNodes.keySet());
for(Object k :cl.homeNodes.keySet())
for(String str :(ArrayList<String>)cl.homeNodes.get(k))
/*System.out.println(" time = "+k+" "+str+" "+nodeHash.get(k+"|"+str));
System.out.println("");*/
for(String s :(ArrayList<String>)cl.homeNodes.get(k))
if( !s.equals(str))
if(((ManetNode)nodeHash.get(k+"|"+str)).getRayonDeCouverture() >
(((ManetNode)nodeHash.get(k+"|"+str)).getPoint().
distanceTo(((ManetNode)nodeHash.get(k+"|"+s)).getPoint())))
/*System.out.println(((ManetNode)nodeHash.get(k
+"|"+str)).getRayonDeCouverture()
+" "+(((ManetNode)nodeHash.get(k+"|"+str)).getPoint().
distanceTo(((ManetNode)nodeHash.get(k+"|"+s)).getPoint()))+" str = "+str+" s = "+s);
*/
if(((ManetNode)nodeHash.get(k+"|"+str)).voisins==null)
((ManetNode)nodeHash.get(k+"|"+str)).voisins = new Hashtable();
if(((ManetNode)nodeHash.get(k+"|"+str)).voisins.get(k)==null)
((ManetNode)nodeHash.get(k+"|"+str)).voisins.put(k, new
ArrayList<String>());
((ArrayList<String>)((ManetNode)nodeHash.get(k+"|"+str)).voisins.get(k)).add(s);


//System.out.println(((ManetNode)nodeHash.get(k+"|"+str))+" "+
((ManetNode)nodeHash.get(k+"|"+str)).voisins);


public static Hashtable[] nodesMotion(Hashtable nodesHash, ArrayList<Cluster> clst)
int maxTime = 1000;
ArrayList<String> a3 = new ArrayList<>();
Hashtable[] part = new Hashtable[clst.size()];
```

```
int lastp=-1 ;
int index ;
int clstId ;
int maxLength = 10 ;
for(Cluster cl :clst)
cl.out = new Integer[maxTime] ;
cl.in = new Integer[maxTime] ;
cl.nei = new Integer[maxTime] ;
cl.vois = new Integer[maxTime] ;
cl.clusterNeighborIds = new ArrayList<>() ;
if(cl.stats==null)cl.stats = new Hashtable[maxTime] ;
for(int i = 1 ; i <= maxTime ; i++)
if(i < maxTime)
if(((ArrayList<String>)cl.homeNodes.get(i+"")).size() >
((ArrayList<String>)cl.homeNodes.get((i+1)+"")).size())
a3 = (ArrayList<String>)((ArrayList<String>)cl.homeNodes.get(i+"")).clone() ;
a3.removeAll(((ArrayList<String>)cl.homeNodes.get((i+1)+""))) ;
//System.out.println(i+" a3 "+a3) ;
if( !a3.isEmpty())
cl.out[i] = a3.size() ;
if(cl.vois[i]==null)cl.vois[i]=0 ;
cl.vois[i] += a3.size() ;
if(cl.stats[i]==null)cl.stats[i] = new Hashtable() ;
for(String nd :a3)
index = ((ManetNode)nodesHash
.get((i+1)+"|"+nd)).getClusterHomeId() ;
if(part[cl.getId()-1]==null)part[cl.getId()-1]=new Hashtable() ;
if( !((i+"|"+index).equals((part[cl.getId()-1].get("|"+index)))))
part[cl.getId()-1].put(i+"|"+index,new ArrayList<String>()) ;
/*System.out.println(i+"|"+index
+" "+part[cl.getId()-1].get("|"+index)+
```

```
((i+"|"+index).equals((part[cl.getId()-1].get("|"+index))))) ;
*/
if(part[cl.getId()-1].get("|"+index) !=null)
ArrayList<String> anc = new ArrayList<>() ;
for(String rts :((ArrayList<String>)
part[cl.getId()-1].
get(part[cl.getId()-1].get("|"+index))))
Point pt = ((ManetNode)nodesHash.get((i)+"|"+rts)).getPoint() ;
if( !cl.getPolygon().contains(pt))
anc.add(rts) ;
if(anc.size()>maxLength)break ;


((ArrayList<String>)part[cl.getId()-1].get(i+"|"+index)).addAll(anc) ;

if( !((ArrayList<String>)part[cl.getId()-1].get(i
+"|"+index)).contains(nd))
((ArrayList<String>)part[cl.getId()-1].get(i+"|"+index)).add(0,nd) ;
part[cl.getId()-1].put(("|"+index), (i+"|"+index)) ;
if( !cl.clusterNeighborIds.contains("|"+index))cl.clusterNeighborIds.add("|"+index) ;




else if(((ArrayList<String>)cl.homeNodes.get((i+1)+"")).size()
> ((ArrayList<String>)cl.homeNodes.get(i+"")).size())
a3 = (ArrayList<String>)((ArrayList<String>)cl.homeNodes.get((i+1)+"")).clone() ;
a3.removeAll(((ArrayList<String>)cl.homeNodes.get((i)+""))) ;
if(cl.stats[i]==null)cl.stats[i] = new Hashtable() ;
cl.in[i] = a3.size() ;
for(String nd :a3)
index = ((ManetNode)nodesHash
.get((i)+"|"+nd)).getClusterHomeId() ;
```

```
if(part[cl.getId()-1]==null)part[cl.getId()-1]=new Hashtable() ;
if( !(((i+1)+"|"+index).equals((part[cl.getId()-1].get("|"+index)))))
part[cl.getId()-1].put((i+1)+"|"+index,new ArrayList<String>()) ;
if(part[cl.getId()-1].get("|"+index) !=null)
//Ici on ajoute les voisins du nouvel arrivant dans la liste de son cluster
//d'origine. Et on suprime le nouvel arrivant de cette liste s'il y est présent.
ArrayList<String> anc = new ArrayList<>() ;
for(String rts :((ArrayList<String>)
part[cl.getId()-1].
get(part[cl.getId()-1].get("|"+index))))
Point pt = ((ManetNode)nodesHash.get((i)+"|"+rts)).getPoint() ;
if( !cl.getPolygon().contains(pt))
anc.add(rts) ;
if(anc.size()>maxLength)break ;


((ArrayList<String>)part[cl.getId()-1].get((i+1)
+"|"+index)).addAll(anc) ;


((ArrayList<String>)part[cl.getId()-1].get((i+1)+"|"+index)).remove(nd) ;
if(((ManetNode)nodesHash
.get(i+"|"+nd)).voisins !=null)
if(cl.vois[i]==null)cl.vois[i]=0 ;
if(cl.nei[i]==null)cl.nei[i]=0 ;
cl.vois[i] += ((ArrayList<String>)((ManetNode)nodesHash
.get(i+"|"+nd)).voisins.get(i+"")).size() ;
cl.nei[i] += ((ArrayList<String>)((ManetNode)nodesHash
.get(i+"|"+nd)).voisins.get(i+"")).size() ;
for(String vnd :((ArrayList<String>)((ManetNode)nodesHash
.get(i+"|"+nd)).voisins.get(i+"")))
Point pt = ((ManetNode)nodesHash.get((i)+"|"+vnd)).getPoint() ;
if( !((ArrayList<String>)part[cl.getId()-1].get((i+1)
```

```java
+"|"+index)).contains(vnd))
if( !cl.getPolygon().contains(pt))
((ArrayList<String>)part[cl.getId()-1].get((i+1)
+"|"+index)).add(0,vnd);
part[cl.getId()-1].put(("|"+index), ((i+1)+"|"+index));
if( !cl.clusterNeighborIds.contains("|"+index))cl.clusterNeighborIds.add("|"+index);
return part;  public static void main(String[] args)
// TODO code application logic here
FileReader file = new FileReader();
ArrayList<String> srces = new ArrayList<>();
srces.add("rwp");
srces.add("rwp.txt");
srces.add("man");
srces.add("man.txt");
file.readNodes(srces);
Hashtable timeNodes = file.getNodes();
ArrayList<Cluster> clusters = new ArrayList<>();
Cluster clust = new Cluster();
clust.setId(1);
clust.setPolygon(new Polygon());
clust.getPolygon().add(new Point(0, 0));
clust.getPolygon().add(new Point(125, 0));
clust.getPolygon().add(new Point(125, 125));
clust.getPolygon().add(new Point(0, 125));
clust.centre = new Point(62, 62);
clusters.add(clust);
clust = new Cluster();
clust.setId(2);
clust.setPolygon(new Polygon());
clust.getPolygon().add(new Point(125, 0));
clust.getPolygon().add(new Point(250, 0));
```

```
clust.getPolygon().add(new Point(250, 125));
clust.getPolygon().add(new Point(125, 125));
clust.centre = new Point(187, 62);
clusters.add(clust);
clust = new Cluster();
clust.setId(3);
clust.setPolygon(new Polygon());
clust.getPolygon().add(new Point(250, 0));
clust.getPolygon().add(new Point(375, 0));
clust.getPolygon().add(new Point(375, 125));
clust.getPolygon().add(new Point(250, 125));
clust.centre = new Point(312, 62);
clusters.add(clust);
clust = new Cluster();
clust.setId(4);
clust.setPolygon(new Polygon());
clust.getPolygon().add(new Point(375, 0));
clust.getPolygon().add(new Point(500, 0));
clust.getPolygon().add(new Point(500, 125));
clust.getPolygon().add(new Point(375, 125));
clust.centre = new Point(437, 62);
clusters.add(clust);
/****/
clust = new Cluster();
clust.setId(5);
clust.setPolygon(new Polygon());
clust.getPolygon().add(new Point(0, 125));
clust.getPolygon().add(new Point(125, 125));
clust.getPolygon().add(new Point(125, 250));
clust.getPolygon().add(new Point(0, 250));
clust.centre = new Point(62, 187);
```

```
clusters.add(clust);
clust = new Cluster();
clust.setId(6);
clust.setPolygon(new Polygon());
clust.getPolygon().add(new Point(125, 125));
clust.getPolygon().add(new Point(250, 125));
clust.getPolygon().add(new Point(250, 250));
clust.getPolygon().add(new Point(125, 250));
clust.centre = new Point(187, 187);
clusters.add(clust);
clust = new Cluster();
clust.setId(7);
clust.setPolygon(new Polygon());
clust.getPolygon().add(new Point(250, 125));
clust.getPolygon().add(new Point(375, 125));
clust.getPolygon().add(new Point(375, 250));
clust.getPolygon().add(new Point(250, 250));
clust.centre = new Point(312, 187);
clusters.add(clust);
clust = new Cluster();
clust.setId(8);
clust.setPolygon(new Polygon());
clust.getPolygon().add(new Point(375, 125));
clust.getPolygon().add(new Point(500, 125));
clust.getPolygon().add(new Point(500, 250));
clust.getPolygon().add(new Point(375, 250));
clust.centre = new Point(437, 187);
clusters.add(clust);
/****/
clust = new Cluster();
clust.setId(9);
```

```
clust.setPolygon(new Polygon());
clust.getPolygon().add(new Point(0, 250));
clust.getPolygon().add(new Point(125, 250));
clust.getPolygon().add(new Point(125, 375));
clust.getPolygon().add(new Point(0, 375));
clust.centre = new Point(62, 312);
clusters.add(clust);
clust = new Cluster();
clust.setId(10);
clust.setPolygon(new Polygon());
clust.getPolygon().add(new Point(125, 250));
clust.getPolygon().add(new Point(250, 250));
clust.getPolygon().add(new Point(250, 375));
clust.getPolygon().add(new Point(125, 375));
clust.centre = new Point(187, 312);
clusters.add(clust);
clust = new Cluster();
clust.setId(11);
clust.setPolygon(new Polygon());
clust.getPolygon().add(new Point(250, 250));
clust.getPolygon().add(new Point(375, 250));
clust.getPolygon().add(new Point(375, 375));
clust.getPolygon().add(new Point(250, 375));
clust.centre = new Point(312, 312);
    clusters.add(clust);
    clust = new Cluster();
clust.setId(12);
clust.setPolygon(new Polygon());
clust.getPolygon().add(new Point(375, 250));
clust.getPolygon().add(new Point(500, 250));
clust.getPolygon().add(new Point(500, 375));
```

```
clust.getPolygon().add(new Point(375, 375));
clust.centre = new Point(437, 312);
    clusters.add(clust);
    /****/
clust = new Cluster();
clust.setId(13);
clust.setPolygon(new Polygon());
clust.getPolygon().add(new Point(0, 375));
clust.getPolygon().add(new Point(125, 375));
clust.getPolygon().add(new Point(125, 500));
clust.getPolygon().add(new Point(0, 500));
clust.centre = new Point(62, 437);
    clusters.add(clust);
    clust = new Cluster();
clust.setId(14);
clust.setPolygon(new Polygon());
clust.getPolygon().add(new Point(125, 375));
clust.getPolygon().add(new Point(250, 375));
clust.getPolygon().add(new Point(250, 500));
clust.getPolygon().add(new Point(125, 500));
clust.centre = new Point(187, 437);
clusters.add(clust);
    clust = new Cluster();
clust.setId(15);
clust.setPolygon(new Polygon());
clust.getPolygon().add(new Point(250, 375));
clust.getPolygon().add(new Point(375, 375));
clust.getPolygon().add(new Point(375, 500));
clust.getPolygon().add(new Point(250, 500));
clust.centre = new Point(312, 437);
    clusters.add(clust); clust = new Cluster();
```

```
clust.setId(16) ;

clust.setPolygon(new Polygon()) ;

clust.getPolygon().add(new Point(375, 375)) ;

clust.getPolygon().add(new Point(500, 375)) ;

clust.getPolygon().add(new Point(500, 500)) ;

clust.getPolygon().add(new Point(375, 500)) ;

clust.centre = new Point(437, 437) ;

clusters.add(clust) ;

Hashtable clustHash = new Hashtable() ;

nodesClusterHome(timeNodes, clustHash, clusters) ;

nodeVoisin(clusters, timeNodes) ;

Hashtable[] part = nodesMotion(timeNodes, clusters) ;

StdDraw.square(250./500., 250./500., 250./500.) ;

ManetNode node,man ;

for(int i=1 ; i < 1001 ; i++)

StdDraw.text(0.1, 1.02, "Time = "+i) ;

for(Cluster cl :clusters)

StdDraw.square(250./500., 250./500., 250./500.) ;

StdDraw.square((cl.getClusterHead().getPoint().x)/500.,

(cl.getClusterHead().getPoint().y)/500., 125./1000.) ;

StdDraw.point((cl.getClusterHead().getPoint().x)/500.,

(cl.getClusterHead().getPoint().y)/500.,15) ;

StdDraw.line(62/500., 0/500., 62/500., 500/500.,Color.CYAN) ; StdDraw.line(66/500., 0/500.,
66/500., 500/500.,Color.CYAN) ;

    StdDraw.line(187/500., 0, 187/500., 500/500.,Color.CYAN) ; StdDraw.line(191/500., 0,
191/500., 500/500.,Color.CYAN) ;

    StdDraw.line(312/500., 0, 312/500., 500/500.,Color.CYAN) ; StdDraw.line(316/500., 0,
316/500., 500/500.,Color.CYAN) ;

    StdDraw.line(437/500., 0, 437/500., 500/500.,Color.CYAN) ; StdDraw.line(441/500., 0,
441/500., 500/500.,Color.CYAN) ;

    StdDraw.line(0, 62/500., 500/500., 62/500.,Color.CYAN) ; StdDraw.line(0, 66/500., 500/500.,
```

```java
66/500.,Color.CYAN);

    StdDraw.line(0, 187/500., 500/500., 187/500.,Color.CYAN); StdDraw.line(0, 191/500.,
500/500., 191/500.,Color.CYAN);

    StdDraw.line(0, 312/500., 500/500., 312/500.,Color.CYAN); StdDraw.line(0, 316/500.,
500/500., 316/500.,Color.CYAN);

    StdDraw.line(0, 437/500., 500/500., 437/500.,Color.CYAN); StdDraw.line(0, 441/500.,
500/500., 441/500.,Color.CYAN);

    for(int j=1; j < 167; j++)
node = (ManetNode)timeNodes.get(i+"|rwp|"+j);
if(j < 83)
man = (ManetNode)timeNodes.get(i+"|man|"+j);
if(man!=null)
//StdDraw.circle(man.getPoint().x/500.,man.getPoint().y/500.,
man.getRayonDeCouverture()/500.);
StdDraw.point(man.getPoint().x/500.,man.getPoint().y/500.,Color.RED);


if(node!=null)
//StdDraw.circle(node.getPoint().x/500.,node.getPoint().y/500.,
node.getRayonDeCouverture()/500.);
StdDraw.point(node.getPoint().x/500.,node.getPoint().y/500.,Color.BLUE);


int ind = 5;//On va déterminer les noeuds perçu par le clusterhead numéro i
if(0 <= ind)
if(part[ind]!=null)
if(clusters.get(ind).in[i-1]!=null)
if(900<=i)System.out.println("["+i+" ,"+clusters.get(ind).in[i-1]+"],");
else
if(900<=i)System.out.println("["+i+" ,"+0+"],");

try
```

```java
FileWriter writerIn = new FileWriter("in.txt", true);
FileWriter writerNei = new FileWriter("nei.txt", true);
FileWriter writerOut = new FileWriter("out.txt", true);
FileWriter writerVois = new FileWriter("vois.txt", true);
if(clusters.get(ind).in[i-1]!=null)
if(900<=i)writerIn.write(clusters.get(ind).in[i-1]+",");
else
if(900<=i)writerIn.write(0+",");


if(clusters.get(ind).nei[i-1]!=null)
if(900<=i)writerNei.write(clusters.get(ind).nei[i-1]+",");
else
if(900<=i)writerNei.write(0+",");


if(clusters.get(ind).out[i-1]!=null)
if(900<=i)writerOut.write(clusters.get(ind).out[i-1]+",");
else
if(900<=i)writerOut.write(0+",");


if(clusters.get(ind).vois[i-1]!=null)
if(900<=i)writerVois.write(clusters.get(ind).vois[i-1]+",");
else
if(900<=i)writerVois.write(0+",");


writerIn.close();
writerNei.close();
writerOut.close();
writerVois.close();
catch (IOException e)
e.printStackTrace();
StdDraw.show(50);
```

```
StdDraw.point((clusters.get(ind).getClusterHead().getPoint().x)/500.,
(clusters.get(ind).getClusterHead().getPoint().y)/500.,25,Color.GREEN) ;
for(String neigh :clusters.get(ind).clusterNeighborIds)
if(part[ind].get(i+neigh) !=null)
for(String nd :(ArrayList<String>)part[ind].get(i+neigh))
node = (ManetNode)timeNodes.get(i+"|"+nd) ;
if(nd.contains("man"))
StdDraw.point(node.getPoint().x/500.,node.getPoint().y/
500.,15,Color.RED) ;
else
StdDraw.point(node.getPoint().x/500.,node.getPoint().y/
500.,15,Color.BLUE) ;


StdDraw.show(100) ;
StdDraw.clear() ;
```

Annexe 4 : FileReader.java

```java
package io;
import geometry.Point;
import java.io.BufferedReader;
import java.io.IOException;
import java.util.ArrayList;
import java.util.Hashtable;
import java.util.Random;
import java.util.StringTokenizer;
import nodemobisim2.ManetNode;
    public class FileReader
private Hashtable timeNodes;
public Hashtable getNodes()
return timeNodes;
public void readNodes(ArrayList<String> sources)
timeNodes = new Hashtable();
for(int i=0; i < sources.size()-1; i+=2)
fillNodes(sources.get(i), sources.get(i+1));


private void fillNodes(String mode, String file)
int tmp = -1;
Hashtable radius = new Hashtable();
try
java.io.FileReader reader = new java.io.FileReader(file);
BufferedReader bufferedReader = new BufferedReader(reader);
String line;
StringTokenizer st;
String token;
    int ind = 0;
String id;
```

```java
Point pt;
ManetNode node = null;
Random r;
int rayon=0; while ((line = bufferedReader.readLine()) != null}
st    new StringTokenizer(line,",") ;
while (st.hasMoreTokens())
token = (st.nextToken()).toString() :
if((token.contains("<t>"))AND (!token.contains("0</t><t>")))
node = new ManetNode() ;
r = new Random() :
rayon    (r.nextInt()node.setRayonDeCouverture(rayon) ;
id = mode+"|"+(st.nextToken()).toString() ; pt = new Point(Integer.parseInt((st.nextToken()).toString()),
Integer.parseInt((st.nextToken()).toString())) ;
    if(!token.replaceFirst("<t>", "").equals(tmp+""))
tmp = Integer.parseInt(token.replaceFirst("<t>", "")) ;


node.setStrId(id) ;
node.setPoint(pt) ;
timeNodes.put(tmp+"|"+id, node) ;
radius.put(id, rayon) ;


if(token.contains("0</t><t>"))
if(!token.replaceFirst("0</t><t>", "").equals(tmp+""))
tmp = Integer.parseInt(token.replaceFirst("0</t><t>", "")) ;


id = mode+"|"+(st.nextToken()).toString() ;
pt = new Point(Integer.parseInt((st.nextToken()).toString()),
Integer.parseInt((st.nextToken()).toString())) ;
if(Integer.parseInt(token.replaceFirst("0</t><t>", ""))==1)
node = new ManetNode() ;
r = new Random() ;
```

```
rayon = (r.nextInt()node.setRayonDeCouverture(rayon) ;
node.setStrId(id) ;
node.setPoint(pt) ;
timeNodes.put(tmp+"|"+id, node) ;
radius.put(id, rayon) ;
else
node = new ManetNode() ;
node.setStrId(id) ;
node.setRayonDeCouverture((int)radius.get(id)) ;
node.setPoint(pt) ;
timeNodes.put(tmp+"|"+id, node) ;
catch (IOException e)
e.printStackTrace() ;
```

2006

Druck:
Customized Business Services GmbH
im Auftrag der KNV-Gruppe
Ferdinand-Jühlke-Str. 7
99095 Erfurt